DINOSAUR ACTIVITY BOOK

THIS BOOK BELONGS TO

Amelia Sealey

STEGOSAURUS

TRICERATOPS

CARNOTAURUS

STYRACOSAURUS

DILOPHOSAURUS

VELOCIRAPTOR

PTERODACTYL

GALLIMIMUS

PACHYCEPHALOSAURUS

IGUANODON

MOMMY!

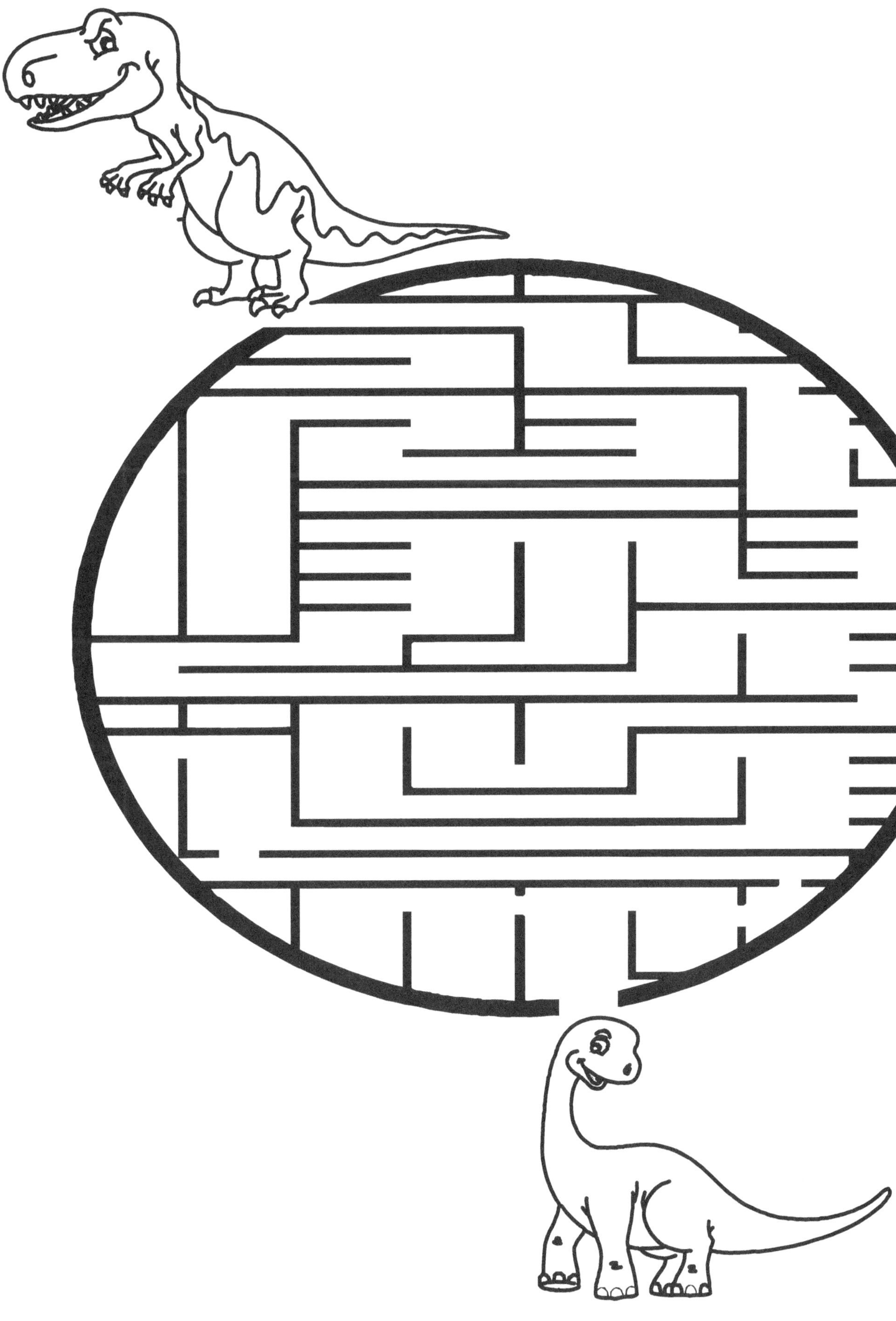

Spot the 5 differences and color

Spot the 10 differences and color

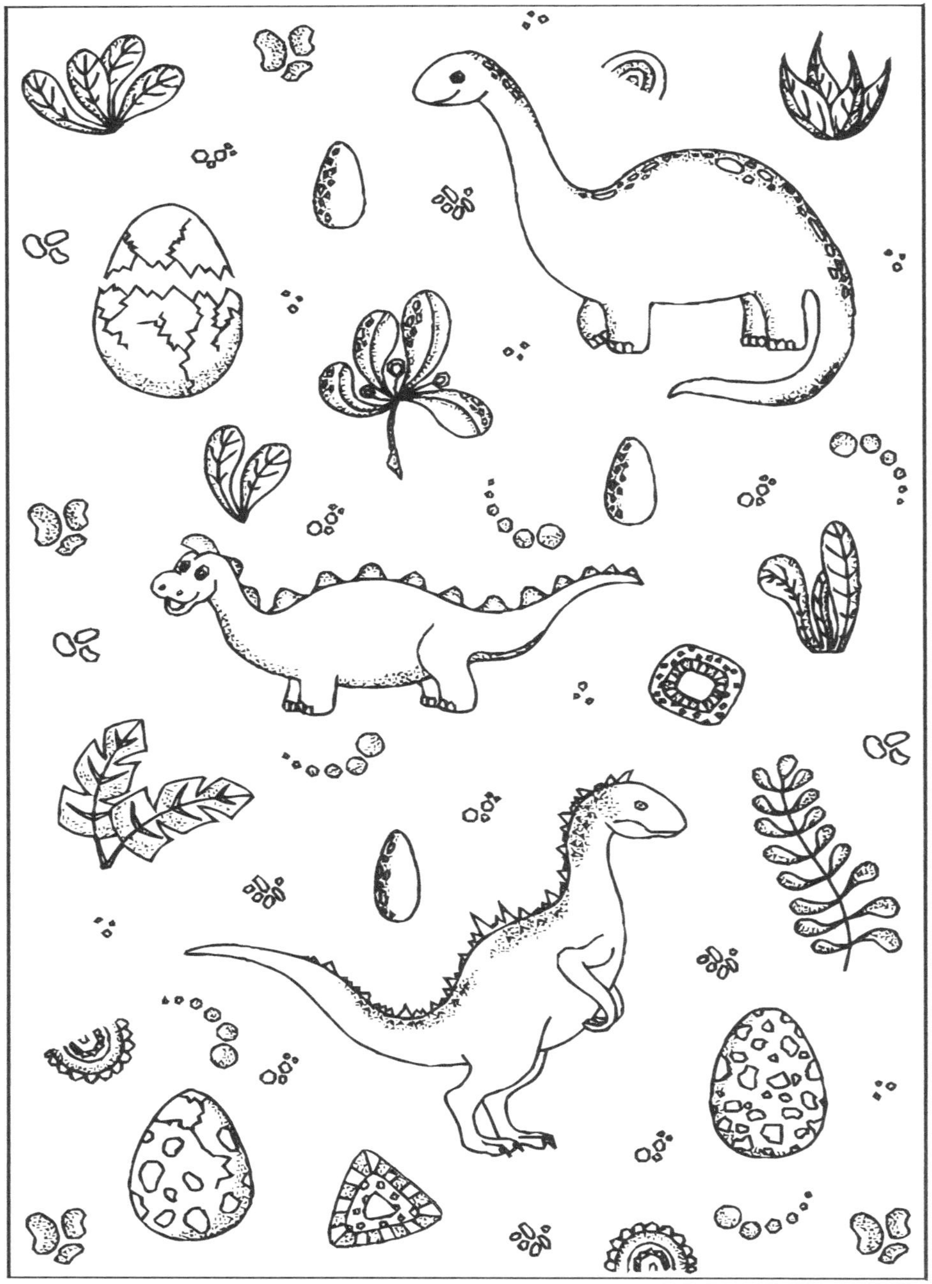

Spot the 10 differences and color

Spot the 10 differences and color

Spot the 10 differences and color

Spot the 10 differences and color

SOLUTIONS

SOLUTIONS

SOLUTIONS

SOLUTIONS

SOLUTIONS

SOLUTIONS

Connect the dots and color

Connect the dots and color

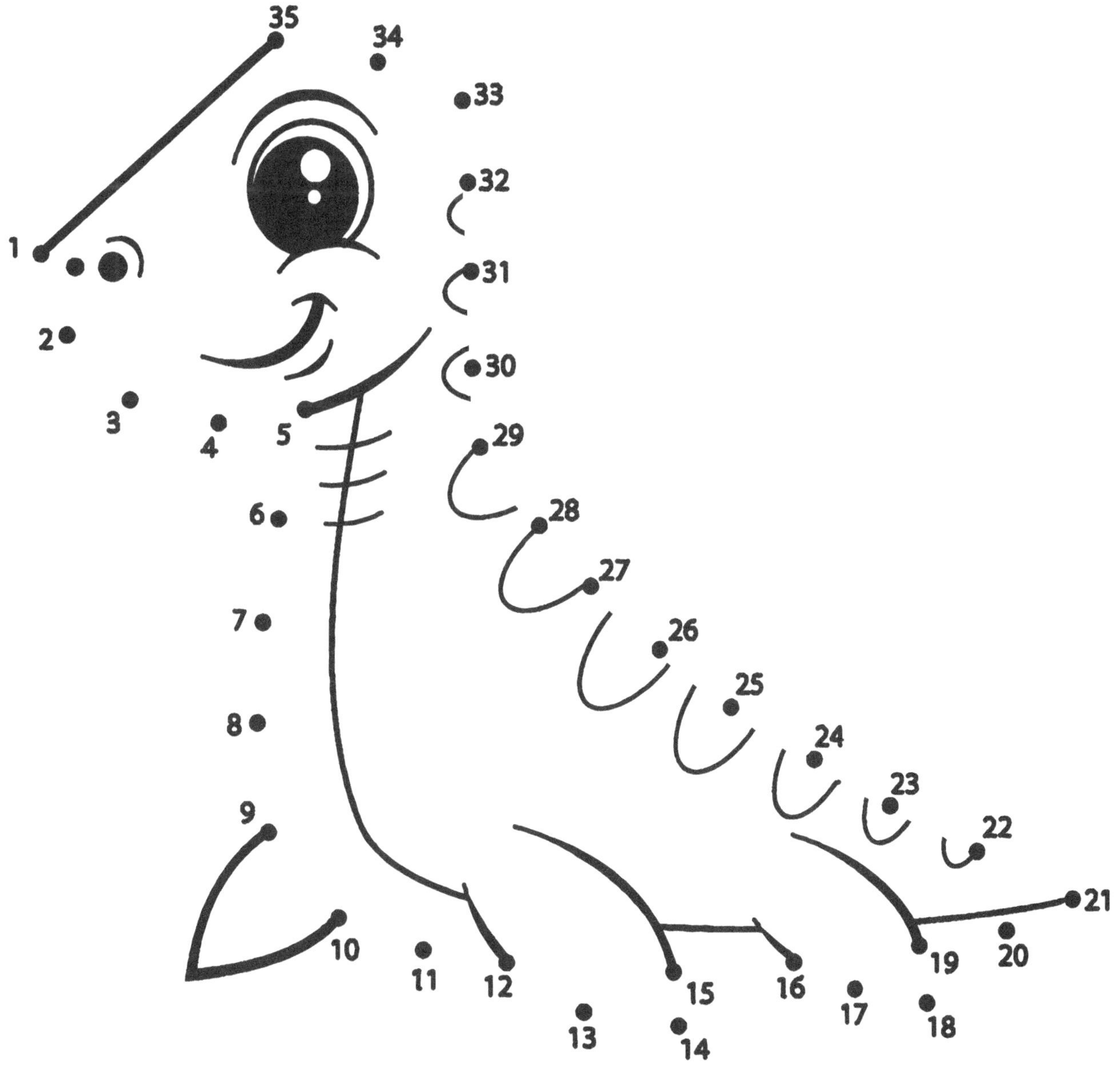

Connect the dots and color

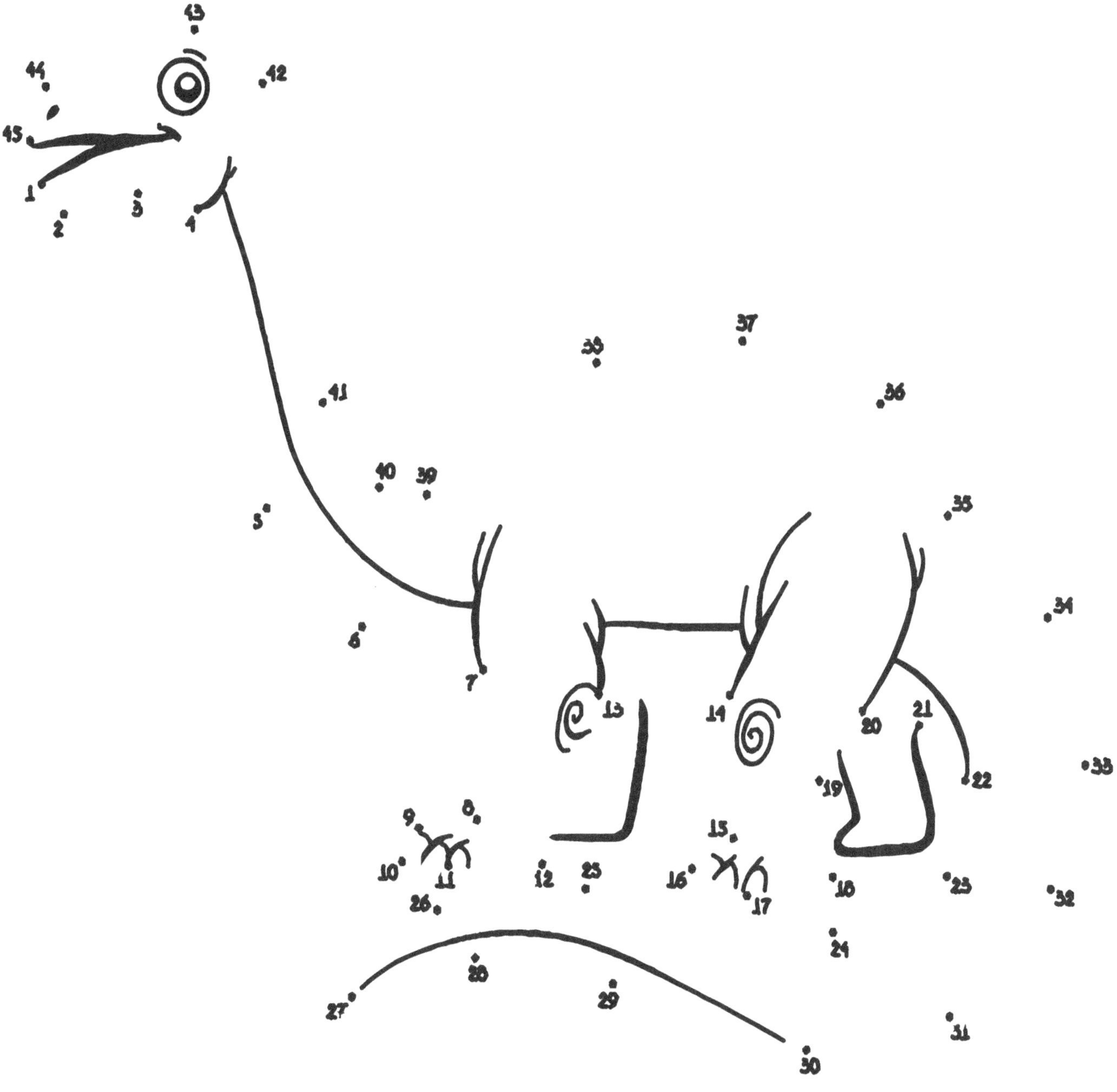

Connect the dots and color

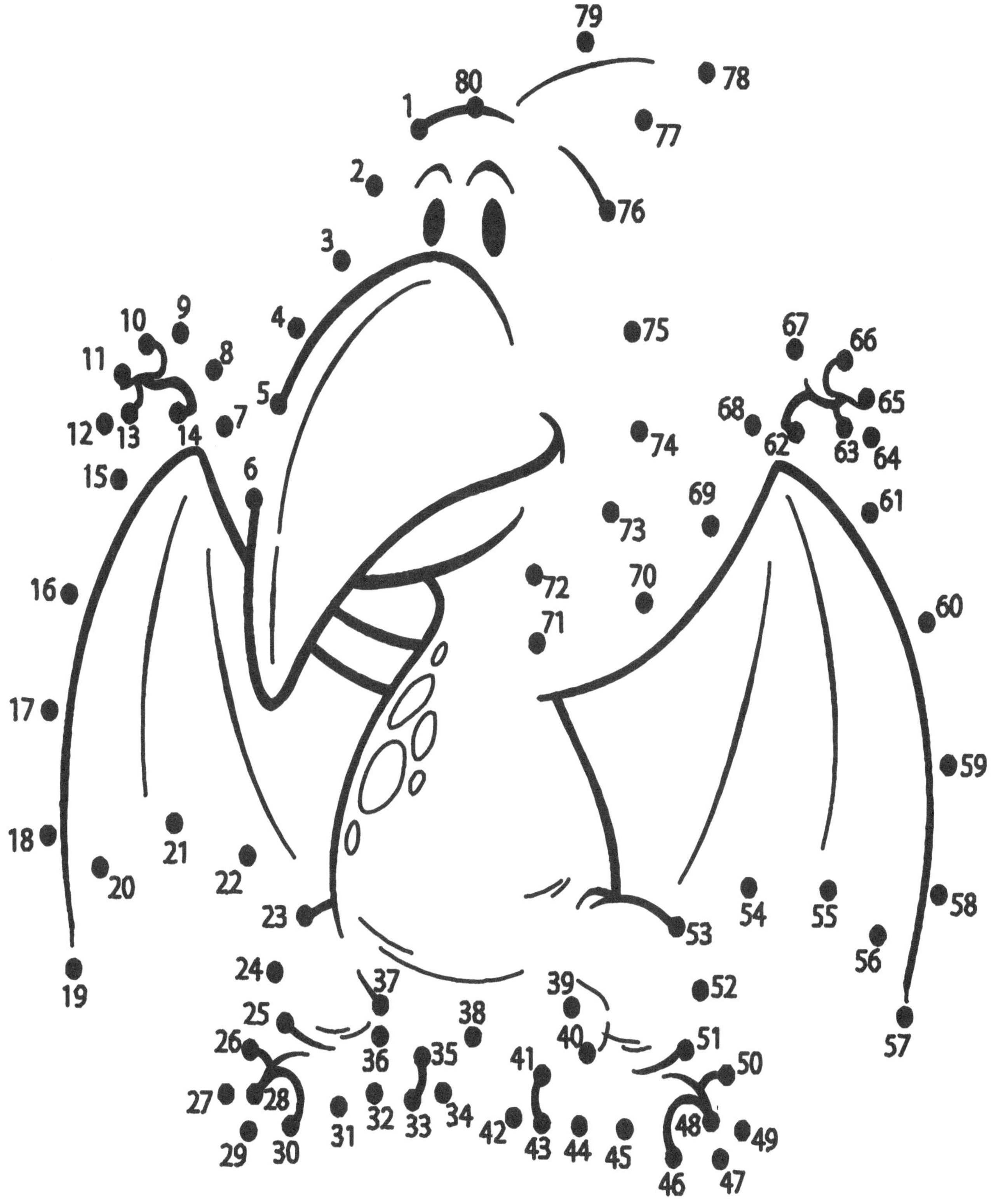

Connect the dots and color

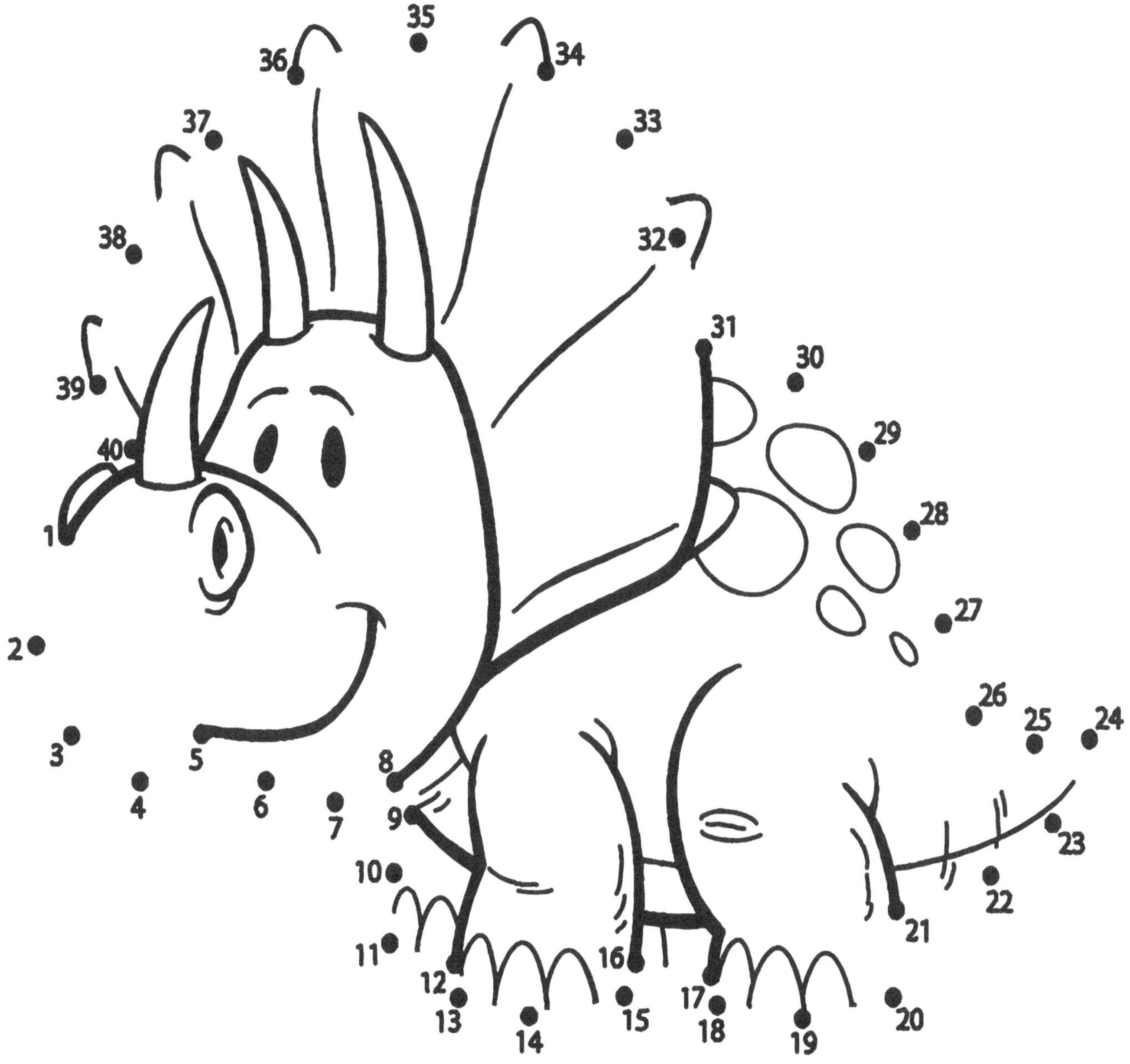

Connect the dots and color

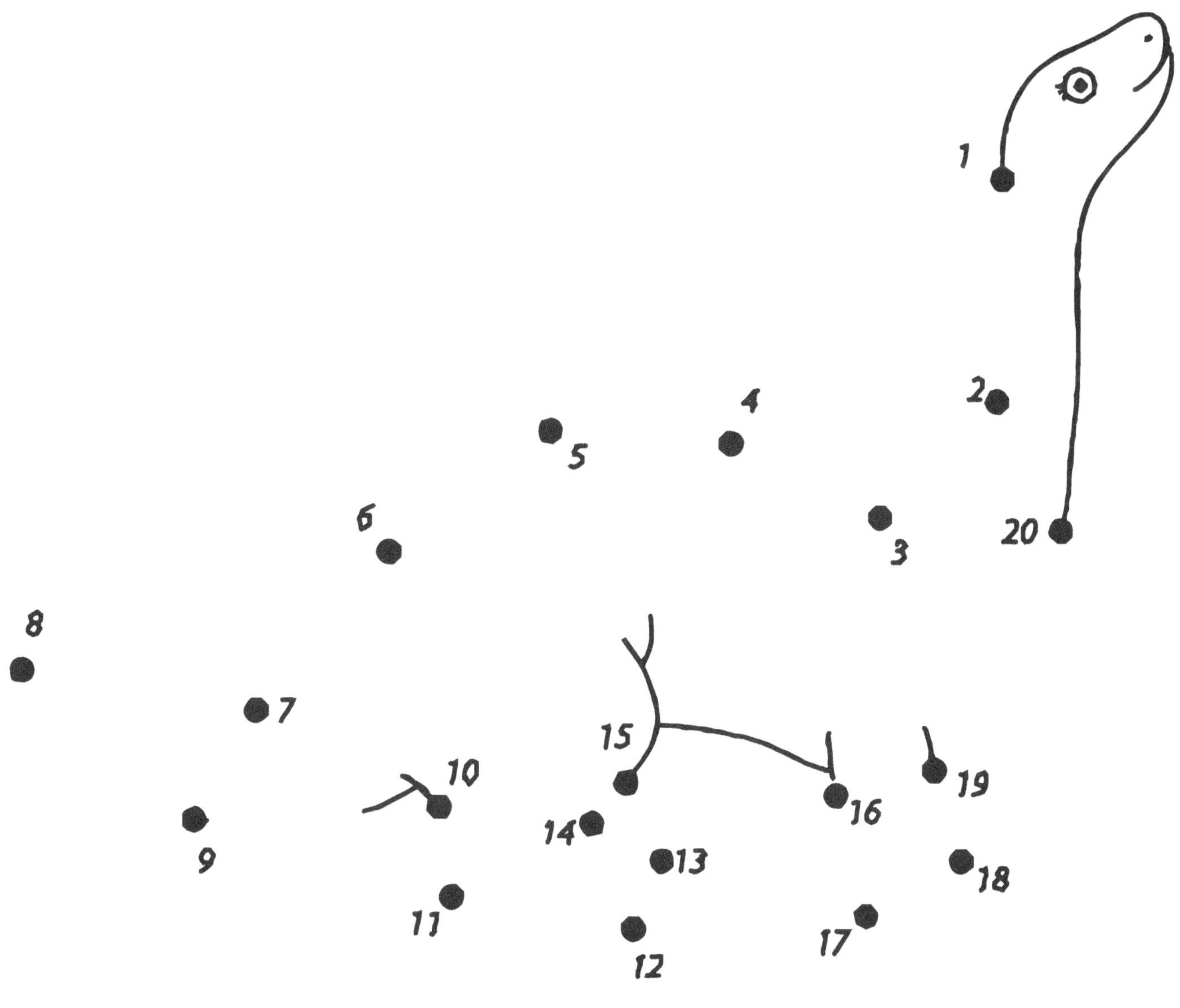

Connect the dots and color

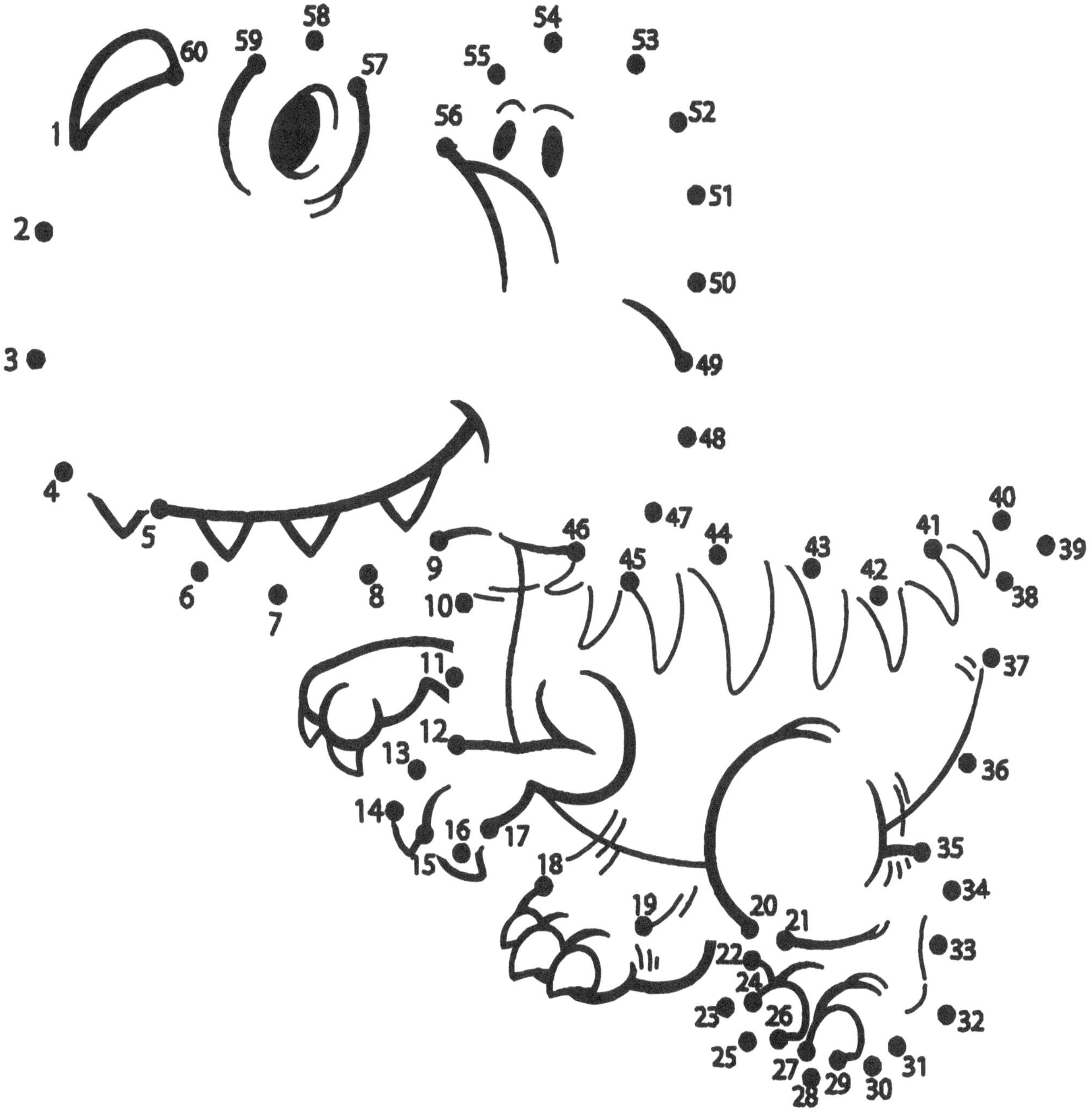

Connect the dots and color

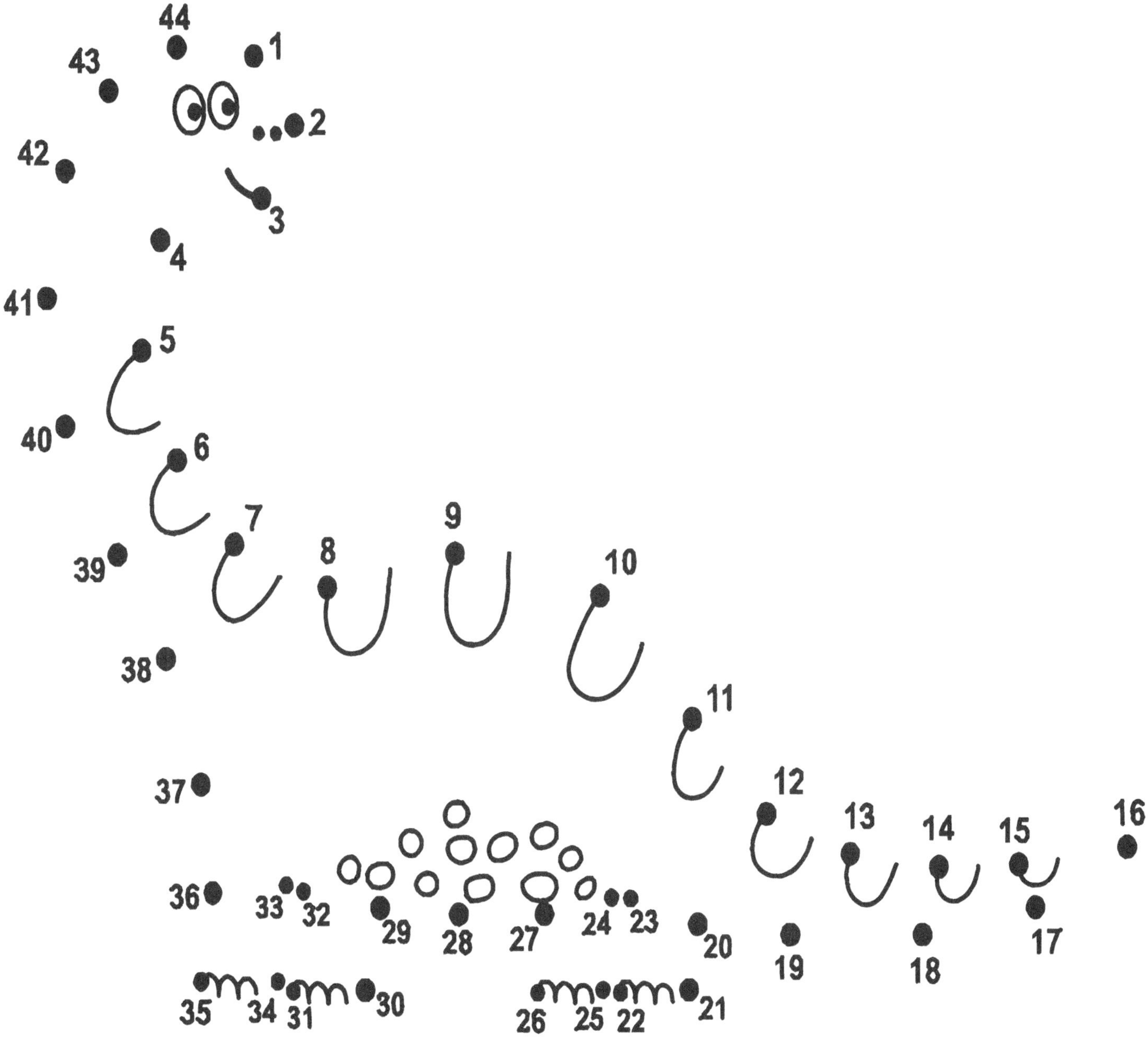

Connect the dots and color

Connect the dots and color

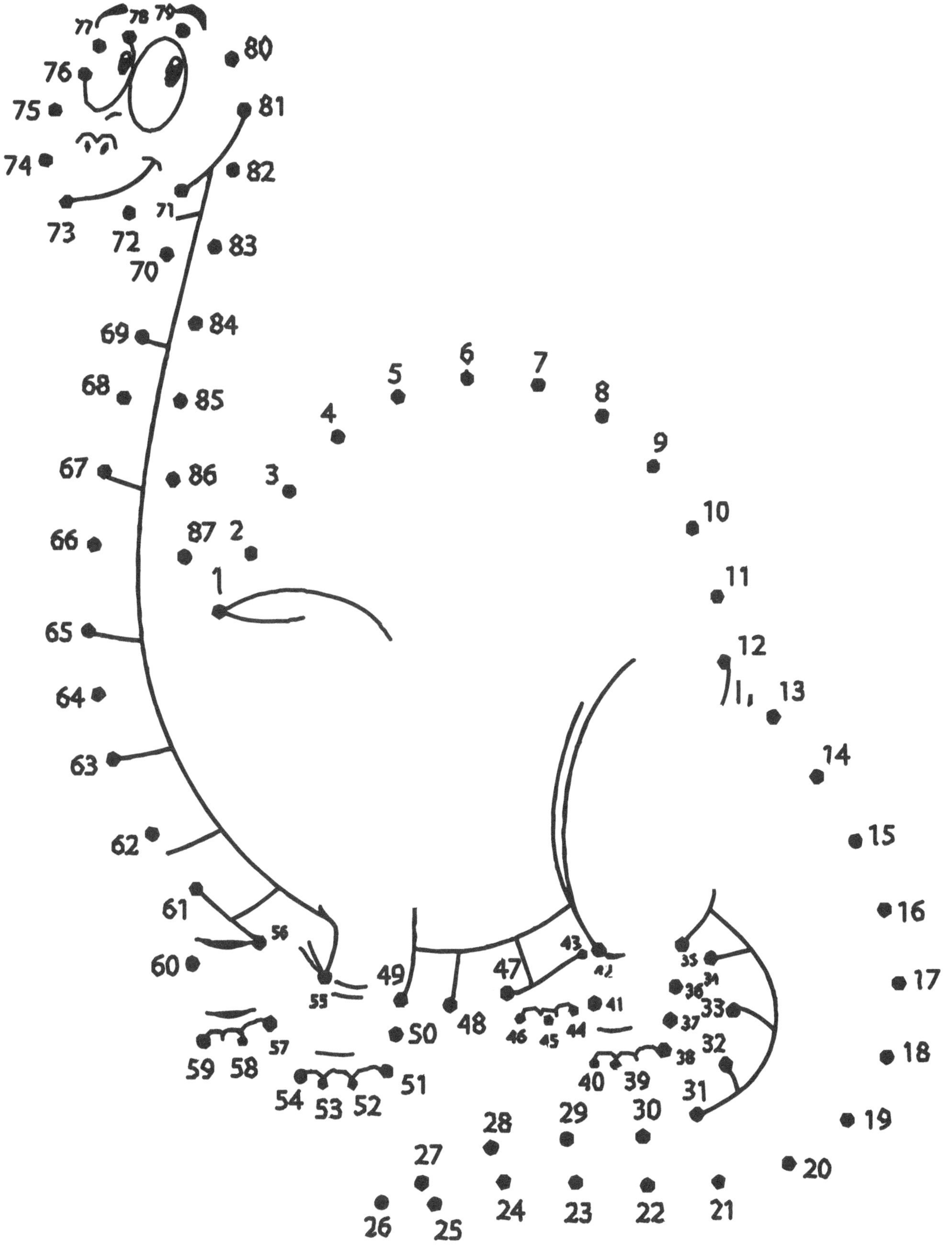

N	M	E	Q	X	S	D	M	S	P	T	U	T	O	V
V	O	L	Y	P	W	L	T	B	Y	F	L	S	G	D
Z	P	I	R	A	E	Y	T	Y	R	O	E	I	F	H
Q	K	E	T	N	V	A	N	J	S	S	H	G	C	V
C	Y	E	R	C	U	P	J	V	P	S	R	O	G	C
C	J	T	E	N	N	L	R	U	H	I	V	L	P	E
A	I	K	Y	H	U	I	R	F	R	L	H	O	I	Q
H	P	D	L	L	U	U	T	V	S	A	O	E	L	W
B	T	T	O	D	A	H	C	X	A	M	S	G	G	M
F	B	F	P	S	F	L	D	U	E	W	Y	S	P	R
C	I	R	O	T	S	I	H	E	R	P	N	F	I	H
P	G	N	Y	P	N	S	K	E	L	E	T	O	N	C
B	I	X	S	I	N	H	S	B	M	D	B	P	K	C
D	I	O	K	N	C	N	A	P	F	E	Z	A	G	H
G	S	D	I	K	R	D	T	E	O	C	H	I	W	X

DINOSAUR
FOSSIL
JURASSIC
PREY

1

EXTINCTION
GEOLOGIST
PREHISTORIC
SKELETON

A	N	A	V	S	H	T	N	E	N	Z	S	Q	I	F
D	J	O	C	P	E	E	R	O	D	L	Z	P	E	I
K	P	A	I	F	P	O	K	N	A	C	L	Y	P	D
I	R	E	S	T	V	L	N	N	F	V	U	P	P	B
Y	L	C	R	I	C	C	U	Q	N	Z	X	D	T	M
J	I	O	B	I	Y	N	L	U	M	Q	E	R	Y	E
A	W	R	L	V	O	X	I	X	G	P	E	J	Q	E
U	E	Y	N	T	U	D	C	T	T	I	R	D	V	K
H	Z	R	F	S	A	B	Q	S	X	H	O	B	S	Q
F	O	O	T	P	R	I	N	T	G	E	V	O	K	P
S	A	G	Q	R	Z	C	G	Z	A	G	I	N	Y	N
W	U	N	M	C	X	F	S	R	S	I	N	E	Y	N
S	I	S	E	H	T	O	P	Y	H	N	R	S	V	T
M	A	O	G	I	V	I	M	G	M	O	A	U	M	G
Y	Q	F	U	P	H	Q	K	D	J	L	C	F	K	Z

2

BONES
EXTINCT
HERBIVORE
PERIOD

CARNIVORE
FOOTPRINT
HYPOTHESIS
SCARY

H	U	N	T	I	N	G	T	C	U	H	R	U	U	G
F	F	Q	R	G	L	E	A	J	V	S	L	O	A	D
S	S	T	W	U	E	J	A	P	J	Q	O	C	O	K
P	P	N	B	T	O	B	K	U	R	F	S	A	T	W
J	I	I	H	G	K	Y	G	N	O	R	P	I	Y	M
S	L	R	K	G	Q	C	Y	H	J	N	B	X	U	X
I	I	D	D	E	V	A	Z	F	E	R	O	W	C	Z
X	Z	X	D	P	S	S	K	C	O	R	Z	B	B	E
P	A	O	N	B	O	Y	R	T	Y	Z	T	I	W	T
B	R	Z	R	S	M	T	A	H	N	P	O	X	A	N
V	D	F	C	L	N	D	W	T	N	A	P	O	Q	M
B	U	B	Y	S	E	R	X	Y	Y	C	L	Q	H	U
G	N	S	L	R	Z	S	O	E	L	A	H	U	I	Y
Y	Z	P	P	Q	H	S	F	H	F	U	E	E	S	R
T	L	J	N	V	N	M	Q	M	V	Y	G	R	A	G

FLY
HUNTING
PREDATOR
SPIKES

3

HORNS
LIZARD
ROCKS
TEETH

U	G	W	H	T	V	E	N	N	Z	O	F	A	U	K
M	D	A	G	P	N	G	X	C	D	N	E	Z	A	O
R	Y	V	U	D	O	J	K	W	A	A	H	E	X	Q
A	H	W	C	W	N	B	J	I	H	C	B	K	S	T
Z	P	H	I	E	L	I	A	Y	I	L	E	M	Z	J
C	I	S	S	A	I	R	T	E	Y	O	C	L	A	W
V	G	W	S	S	C	D	G	U	L	V	O	M	Y	D
F	P	R	E	U	H	G	S	R	R	I	S	D	M	D
Y	B	L	M	L	E	K	A	Y	T	N	T	Z	F	W
Y	W	H	N	N	Y	B	M	X	Y	U	G	P	Y	D
L	G	X	G	Q	S	U	Z	V	Q	Y	V	D	E	E
G	O	Q	D	G	E	R	S	R	O	Q	R	S	C	R
P	K	N	Q	C	O	A	U	V	S	M	U	X	O	F
Y	R	V	G	V	Y	K	W	F	T	I	D	Q	B	Y
D	L	K	S	L	S	D	B	B	I	G	H	Y	D	P

4

BEAK
CLAW
LONG
TRIASSIC
BIRD
EGG
REPTILE
VOLCANO

M	I	D	H	S	P	E	C	T	A	C	U	L	A	R
L	Y	I	R	C	X	W	Y	X	Y	I	S	Q	I	H
A	Z	S	U	O	K	J	G	S	N	Q	X	H	U	D
M	M	A	T	W	C	F	S	V	Y	L	Y	L	E	V
X	J	P	B	E	A	I	A	S	Z	K	R	A	P	G
I	S	P	U	X	R	S	T	Y	L	C	W	T	E	U
I	C	E	H	D	I	I	O	N	X	R	S	V	B	G
C	Q	A	F	O	Q	S	O	R	A	T	E	Y	R	U
E	Z	R	N	Q	O	M	N	U	R	G	L	A	E	K
V	E	L	I	N	E	V	U	J	S	E	I	N	T	Z
Y	G	G	B	I	T	V	R	V	K	S	A	G	S	Y
N	U	O	K	N	H	N	Q	O	S	U	J	V	N	Z
C	F	E	A	K	S	F	G	K	H	A	M	A	O	U
Q	N	I	N	N	Z	B	H	K	C	Q	Y	P	M	H
X	G	T	J	Q	E	H	B	V	Y	H	O	D	X	V

5

DISAPPEAR
GIGANTIC
JUVENILE
MYSTERIOUS
GIANT
INVASION
MONSTER
SPECTACULAR

SOLUTIONS

N	M	E	Q	X	S	D	M	S	P	T	U	T	O	V
V	O	L	Y	P	W	L	T	B	Y	F	L	S	G	D
Z	P	I	R	A	E	Y	T	Y	R	O	E	I	F	H
Q	K	E	T	N	V	A	N	J	S	S	H	G	C	V
C	Y	E	R	C	U	P	J	V	P	S	R	O	G	C
C	J	T	E	N	N	L	R	U	H	I	V	L	P	E
A	I	K	Y	H	U	I	R	F	R	L	H	O	I	Q
H	P	D	L	L	U	U	T	V	S	A	O	E	L	W
B	T	T	O	D	A	H	C	X	A	M	S	G	G	M
F	B	F	P	S	F	L	D	U	E	W	Y	S	P	R
C	I	R	O	T	S	I	H	E	R	P	N	F	I	H
P	G	N	Y	P	N	S	K	E	L	E	T	O	N	C
B	I	X	S	I	N	H	S	B	M	D	B	P	K	C
D	I	O	K	N	C	N	A	P	F	E	Z	A	G	H
G	S	D	I	K	R	D	T	E	O	C	H	I	W	X

DINOSAUR
FOSSIL
JURASSIC
PREY

1

EXTINCTION
GEOLOGIST
PREHISTORIC
SKELETON

SOLUTIONS

A	N	A	V	S	H	T	N	E	N	Z	S	Q	I	F
D	J	O	C	P	E	E	R	O	D	L	Z	P	E	I
K	P	A	I	F	P	O	K	N	A	C	L	Y	P	D
I	R	E	S	T	V	L	N	N	F	V	U	P	P	B
Y	L	C	R	I	C	C	U	Q	N	Z	X	D	T	M
J	I	O	B	I	Y	N	L	U	M	Q	E	R	Y	E
A	W	R	L	V	O	X	I	X	G	P	E	J	Q	E
U	E	Y	N	T	U	D	C	T	T	I	R	D	V	K
H	Z	R	F	S	A	B	Q	S	X	H	O	B	S	Q
F	O	O	T	P	R	I	N	T	G	E	V	O	K	P
S	A	G	Q	R	Z	C	G	Z	A	G	I	N	Y	N
W	U	N	M	C	X	F	S	R	S	I	N	E	Y	N
S	I	S	E	H	T	O	P	Y	H	N	R	S	V	T
M	A	O	G	I	V	I	M	G	M	O	A	U	M	G
Y	Q	F	U	P	H	Q	K	D	J	L	C	F	K	Z

2

BONES
EXTINCT
HERBIVORE
PERIOD
CARNIVORE
FOOTPRINT
HYPOTHESIS
SCARY

SOLUTIONS

H	U	N	T	I	N	G	T	C	U	H	R	U	U	G
F	F	Q	R	G	L	E	A	J	V	S	L	O	A	D
S	S	T	W	U	E	J	A	P	J	Q	O	C	O	K
P	P	N	B	T	O	B	K	U	R	F	S	A	T	W
J	I	I	H	G	K	Y	G	N	O	R	P	I	Y	M
S	L	R	K	G	Q	C	Y	H	J	N	B	X	U	X
I	I	D	D	E	V	A	Z	F	E	R	O	W	C	Z
X	Z	X	D	P	S	S	K	C	O	R	Z	B	B	E
P	A	O	N	B	O	Y	R	T	Y	Z	T	I	W	T
B	R	Z	R	S	M	T	A	H	N	P	O	X	A	N
V	D	F	C	L	N	D	W	T	N	A	P	O	Q	M
B	U	B	Y	S	E	R	X	Y	Y	C	L	Q	H	U
G	N	S	L	R	Z	S	O	E	L	A	H	U	I	Y
Y	Z	P	P	Q	H	S	F	H	F	U	E	E	S	R
T	L	J	N	V	N	M	Q	M	V	Y	G	R	A	G

3

FLY
HUNTING
PREDATOR
SPIKES
HORNS
LIZARD
ROCKS
TEETH

SOLUTIONS

U	G	W	H	T	V	E	N	N	Z	O	F	A	U	K
M	D	A	G	P	N	G	X	C	D	N	E	Z	A	O
R	Y	V	U	D	O	J	K	W	A	A	H	E	X	Q
A	H	W	C	W	N	B	J	I	H	C	B	K	S	T
Z	P	H	I	E	L	I	A	Y	I	L	E	M	Z	J
C	I	S	S	A	I	R	T	E	Y	O	C	L	A	W
V	G	W	S	S	C	D	G	U	L	V	O	M	Y	D
F	P	R	E	U	H	G	S	R	R	I	S	D	M	D
Y	B	L	M	L	E	K	A	Y	T	N	T	Z	F	W
Y	W	H	N	N	Y	B	M	X	Y	U	G	P	Y	D
L	G	X	G	Q	S	U	Z	V	Q	Y	V	D	E	E
G	O	Q	D	G	E	R	S	R	O	Q	R	S	C	R
P	K	N	Q	C	O	A	U	V	S	M	U	X	O	F
Y	R	V	G	V	Y	K	W	F	T	I	D	Q	B	Y
D	L	K	S	L	S	D	B	B	I	G	H	Y	D	P

BEAK
CLAW
LONG
TRIASSIC

4

BIRD
EGG
REPTILE
VOLCANO

SOLUTIONS

M	I	D	H	S	P	E	C	T	A	C	U	L	A	R
L	Y	I	R	C	X	W	Y	X	Y	I	S	Q	I	H
A	Z	S	U	O	K	J	G	S	N	Q	X	H	U	D
M	M	A	T	W	C	F	S	V	Y	L	Y	L	E	V
X	J	P	B	E	A	I	A	S	Z	K	R	A	P	G
I	S	P	U	X	R	S	T	Y	L	C	W	T	E	U
I	C	E	H	D	I	I	O	N	X	R	S	V	B	G
C	Q	A	F	O	Q	S	O	R	A	T	E	Y	R	U
E	Z	R	N	Q	O	M	N	U	R	G	L	A	E	K
V	E	L	I	N	E	V	U	J	S	E	I	N	T	Z
Y	G	G	B	I	T	V	R	V	K	S	A	G	S	Y
N	U	O	K	N	H	N	Q	O	S	U	J	V	N	Z
C	F	E	A	K	S	F	G	K	H	A	M	A	O	U
Q	N	I	N	N	Z	B	H	K	C	Q	Y	P	M	H
X	G	T	J	Q	E	H	B	V	Y	H	O	D	X	V

5

DISAPPEAR
GIGANTIC
JUVENILE
MYSTERIOUS
GIANT
INVASION
MONSTER
SPECTACULAR

Hey there!!!

We hope you enjoyed our book. As a small family company, your feedback is very important to us. Please let us know how you like our book at:

believepublisher@gmail.com

Without your voice we don't exist!

Please, support us and leave a review!

Thank you!!!

www.ingramcontent.com/pod-product-compliance
Lightning Source LLC
LaVergne TN
LVHW060213080526
838202LV00052B/4264